باء

BAA

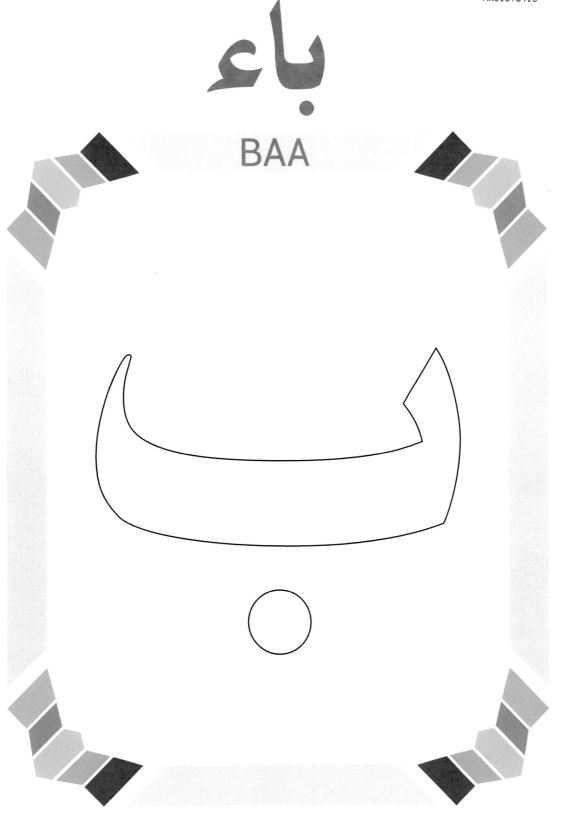

ب

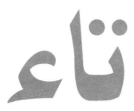

تاء

TAA

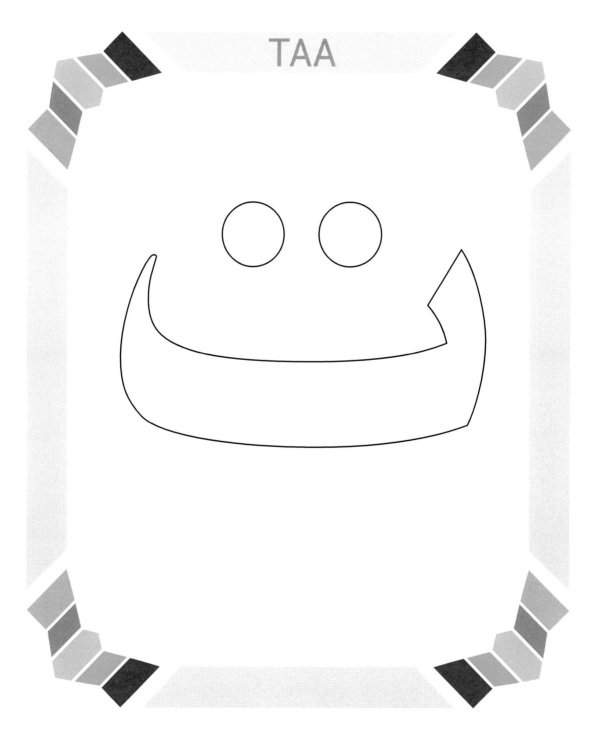

الحروف و الأرقام

تعلم الحروف والأرقام باللغة العربية
بالتلوين

هذه الكراسة مخصصة لتعلم و تلوين الحروف الأبجدية
و الأرقام من 0 الى 30
بالنسبة للأطفال ابتداءا من 3 سنوات

ألف

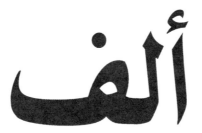

ALIF

أ

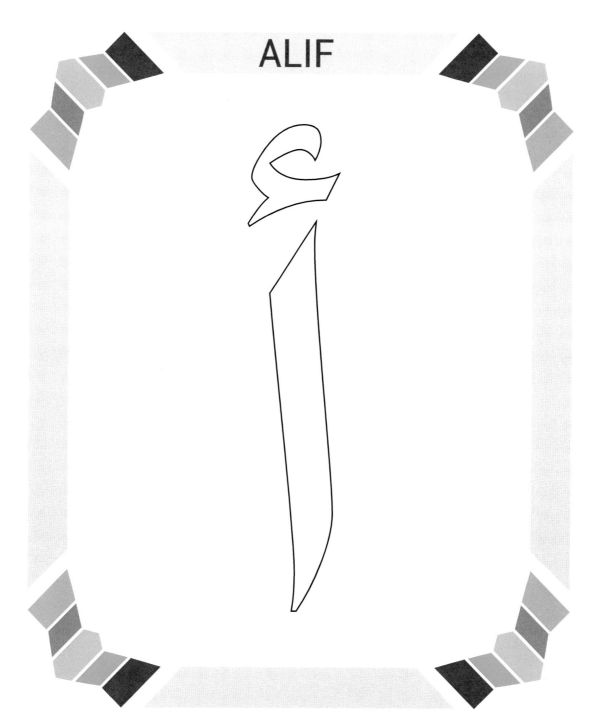

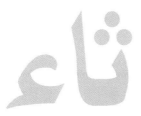

ثاء

THAA

ث

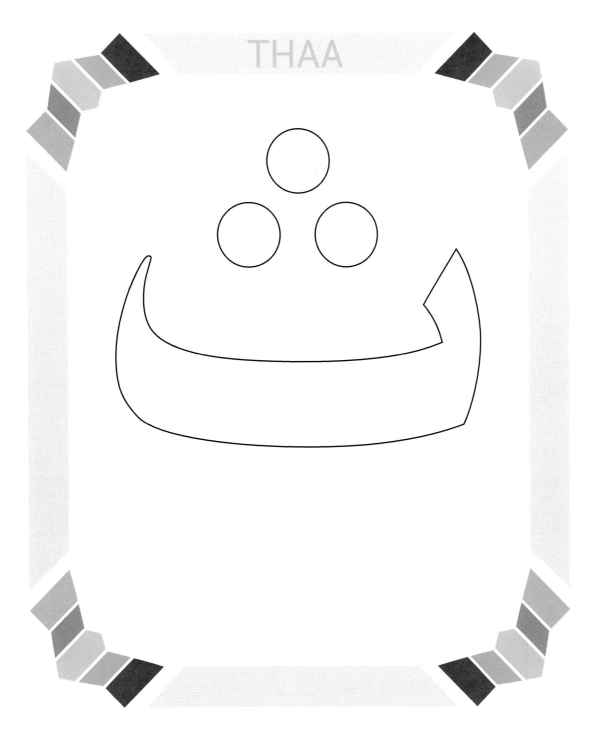

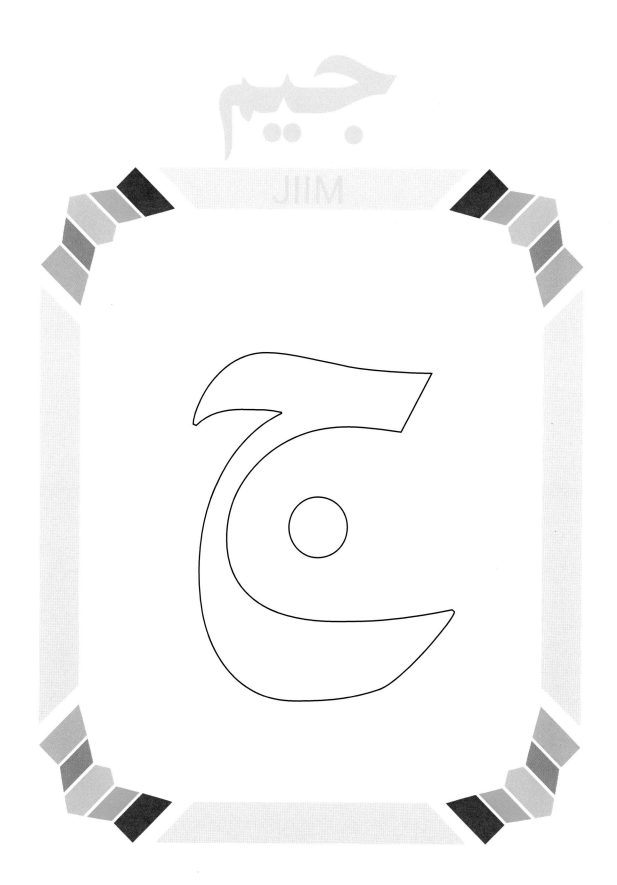

جيم

JIIM

ج

حاء

HAA

ح

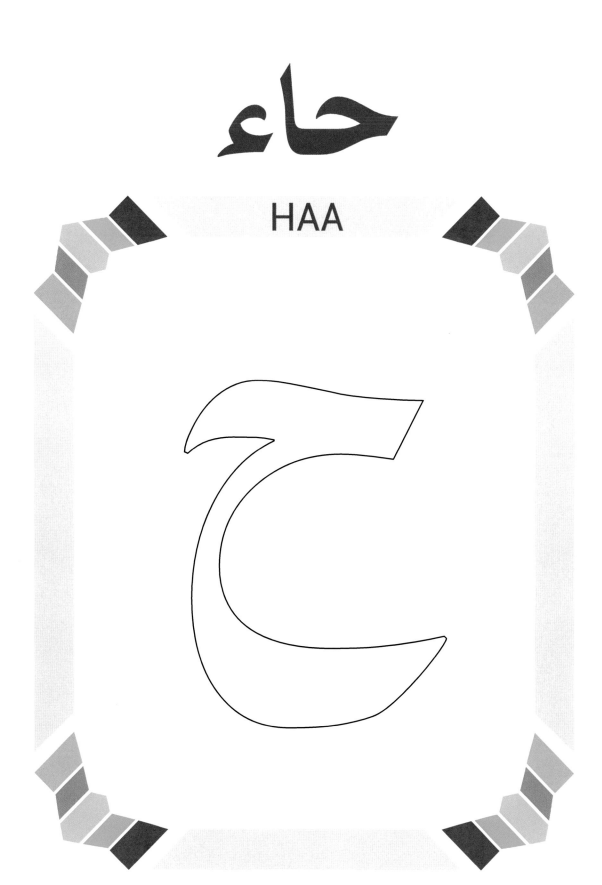

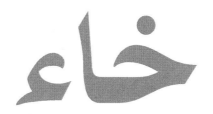

خاء

KHAA

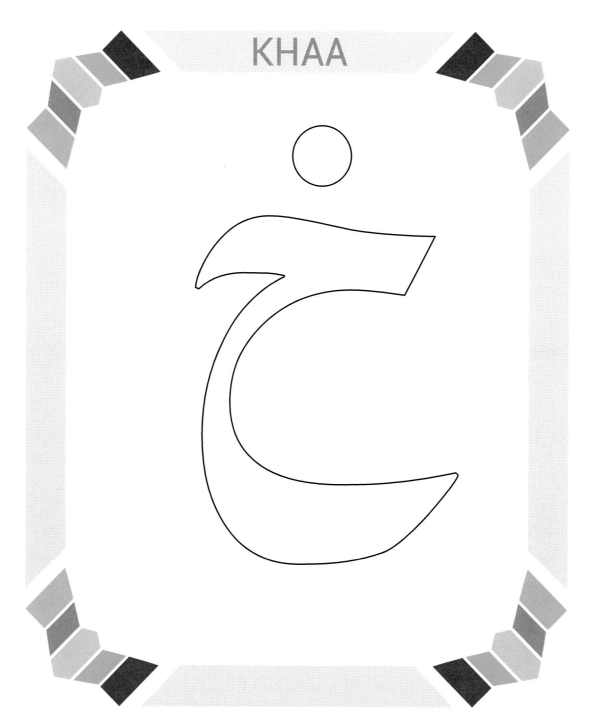

خ

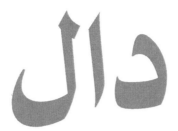

دال

DAAL

د

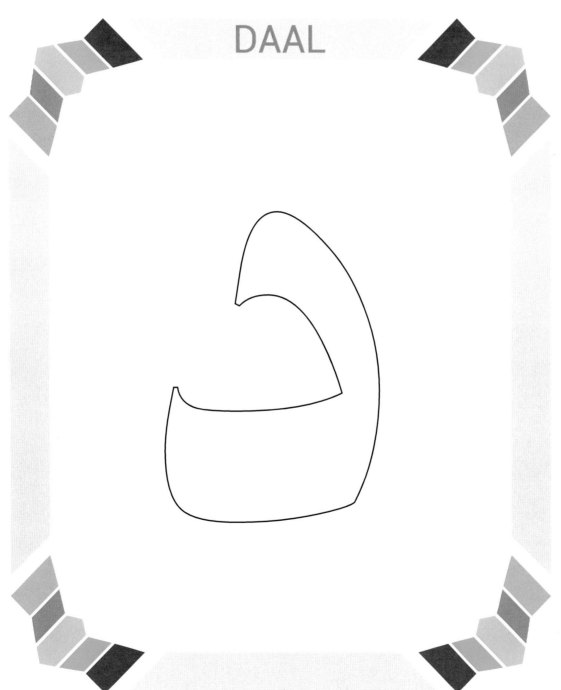

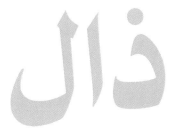

ذال

DHAAL

ذ

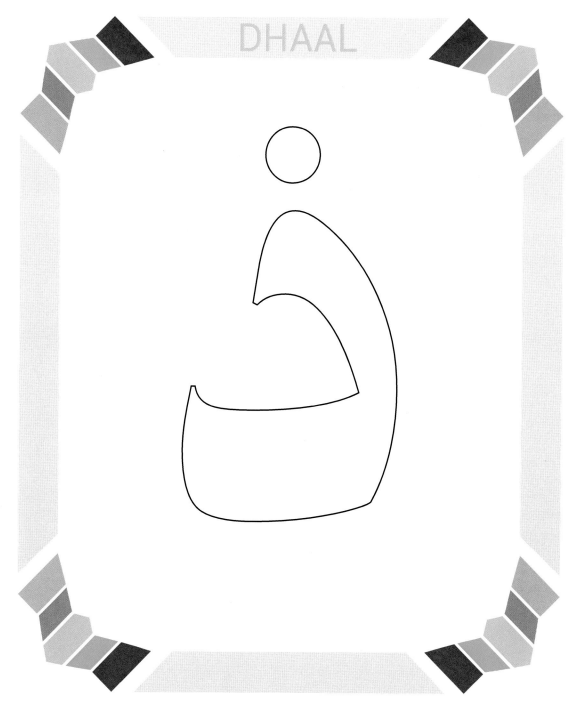

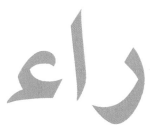

راء

RAA

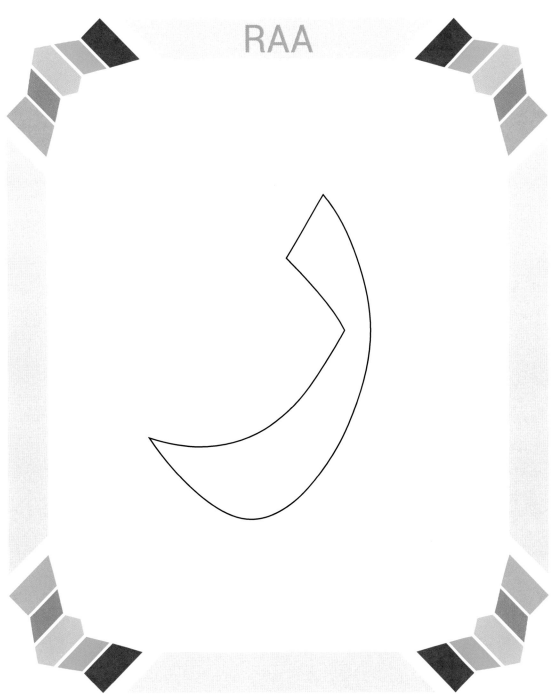

زاي

ZAAY

سين

SIIN

شين

SHIIN

ش

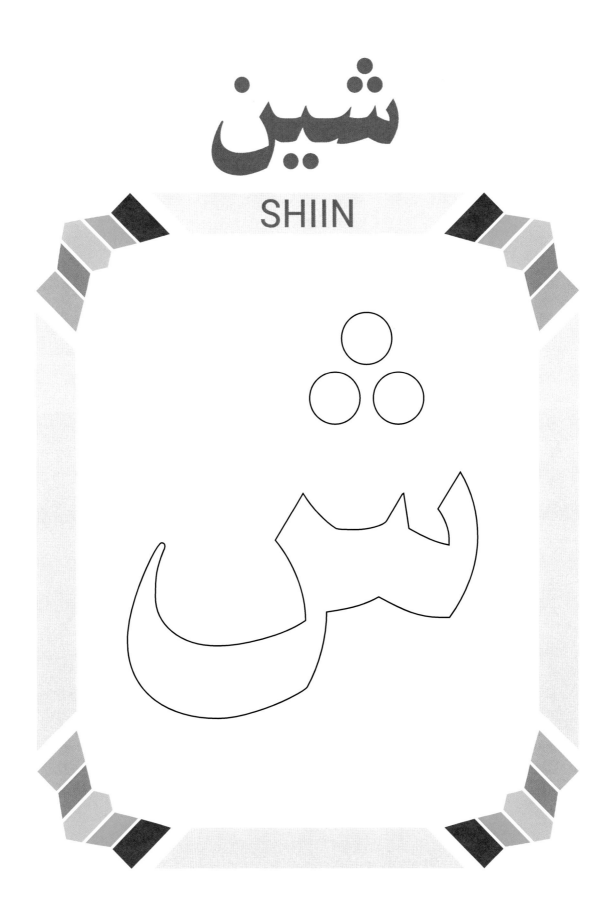

صاد

SAAD

ص

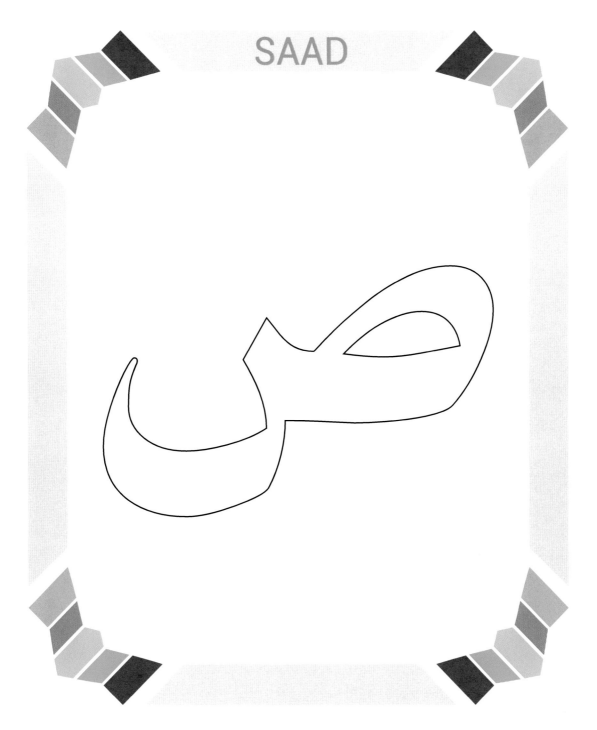

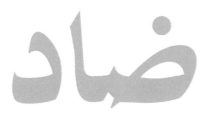

ضاد

DAAD

ض

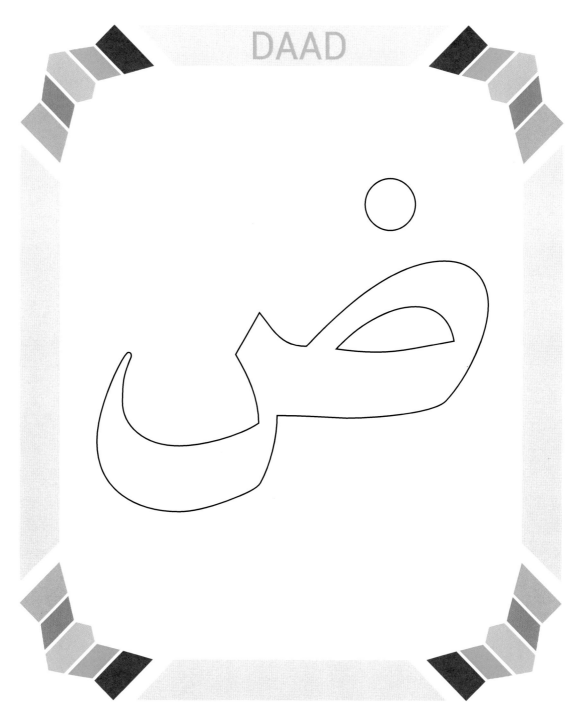

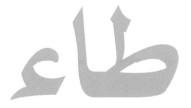

طاء

TAA

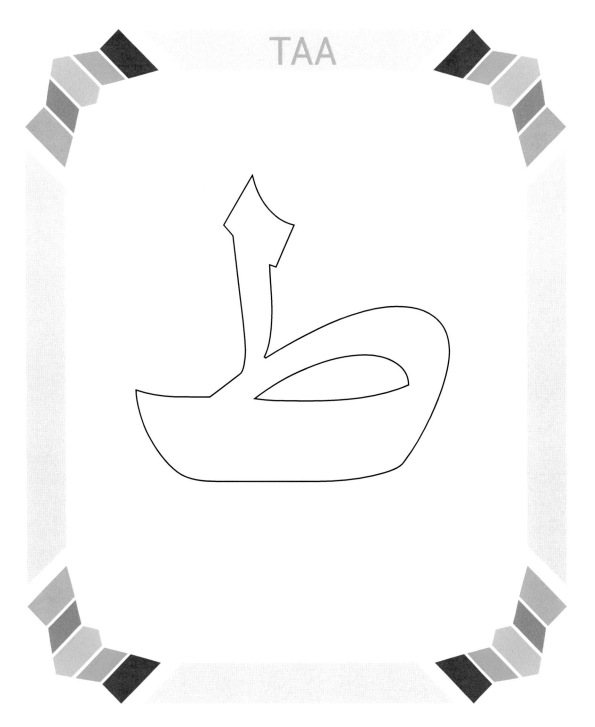

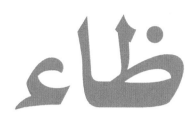

ظاء

DHAA

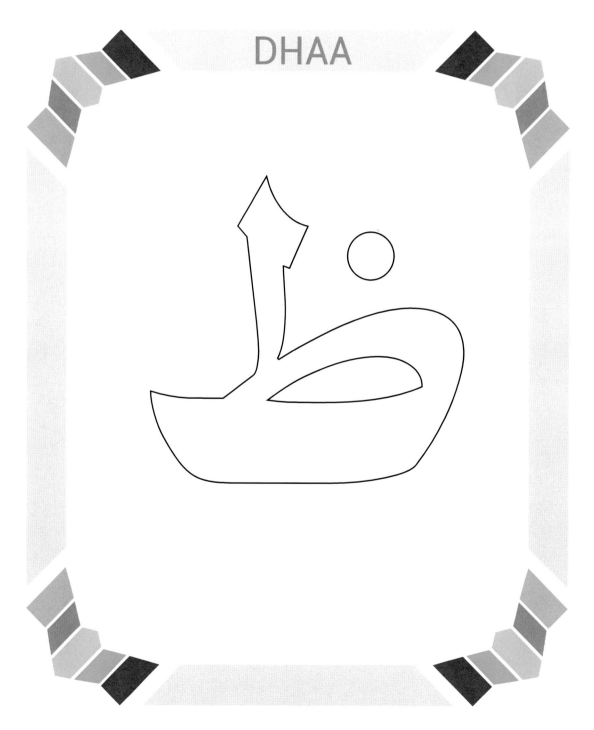

عين

AIYN

ع

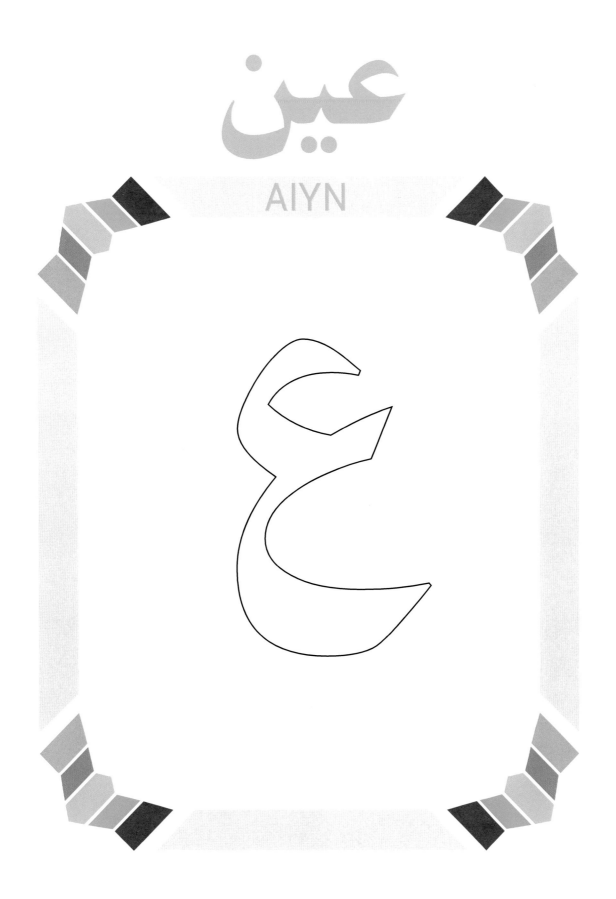

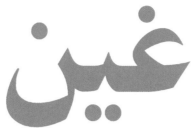

غين

GHIYN

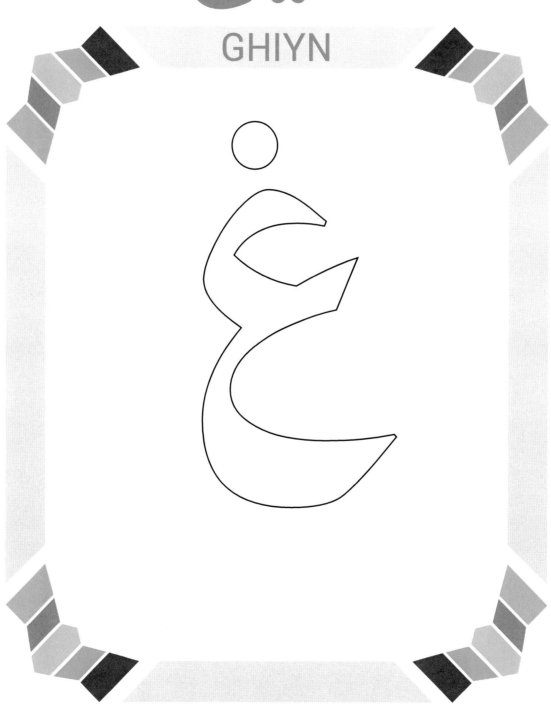

غ

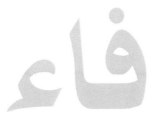

فاء

FAA

ف

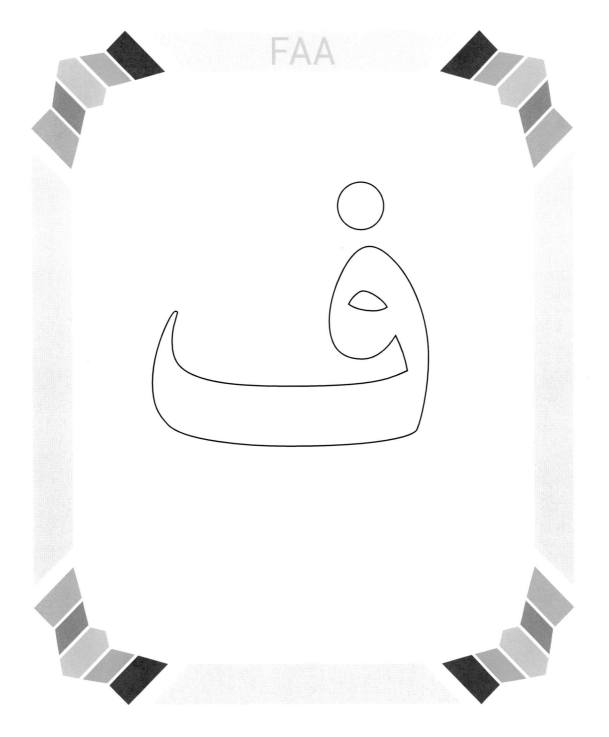

قاف

QAAF

ق

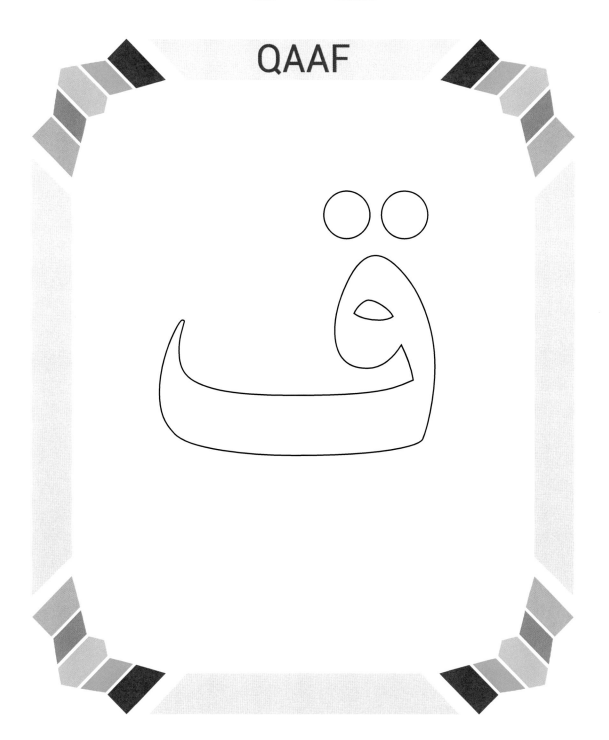

كاف

KAAF

كـ

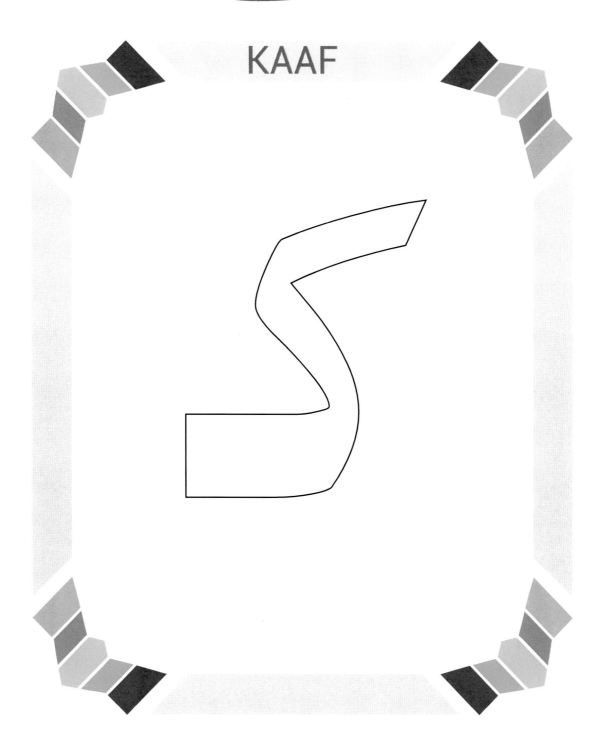

لام

LAAM

ل

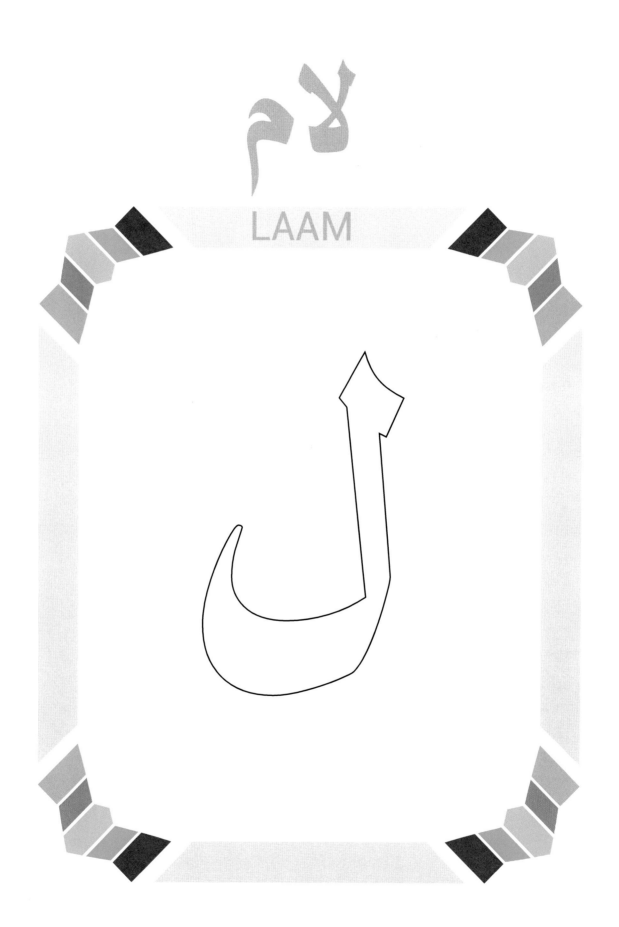

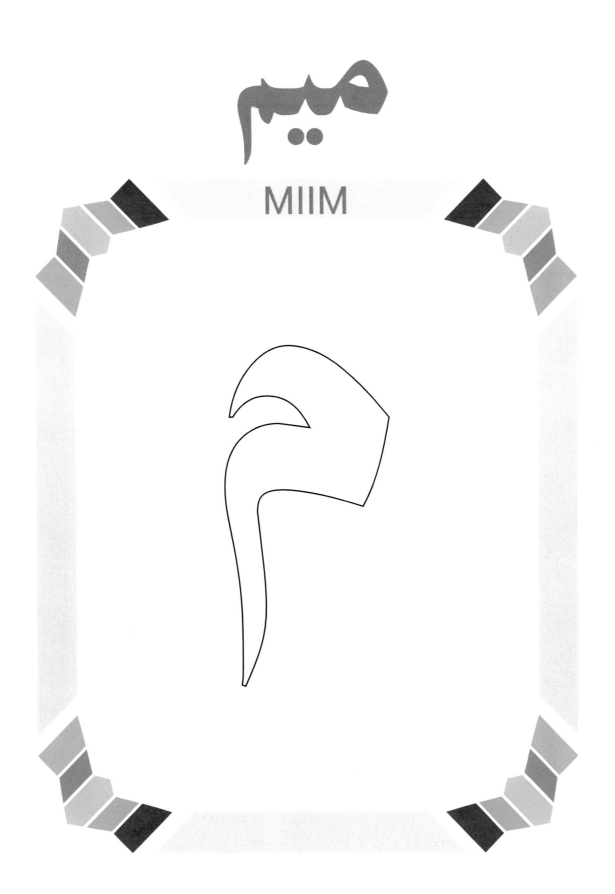

ميم

MIIM

م

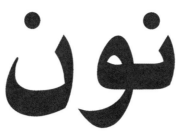

نون

NOON

ن

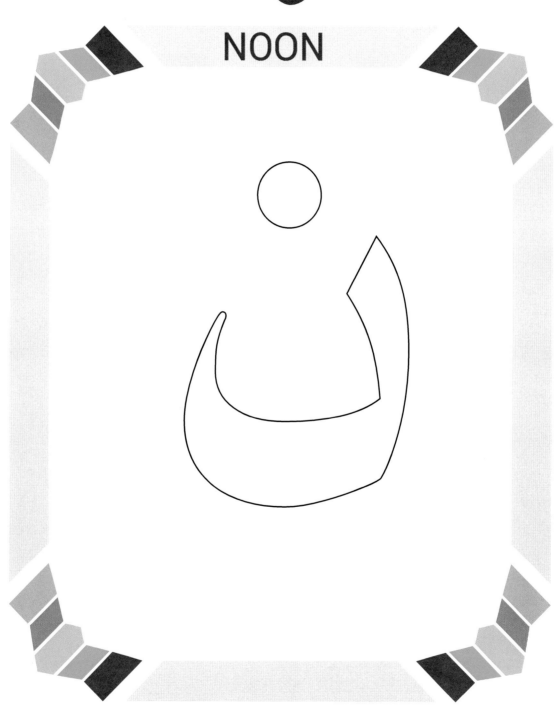

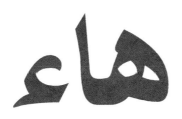

هاء

HAA

ه

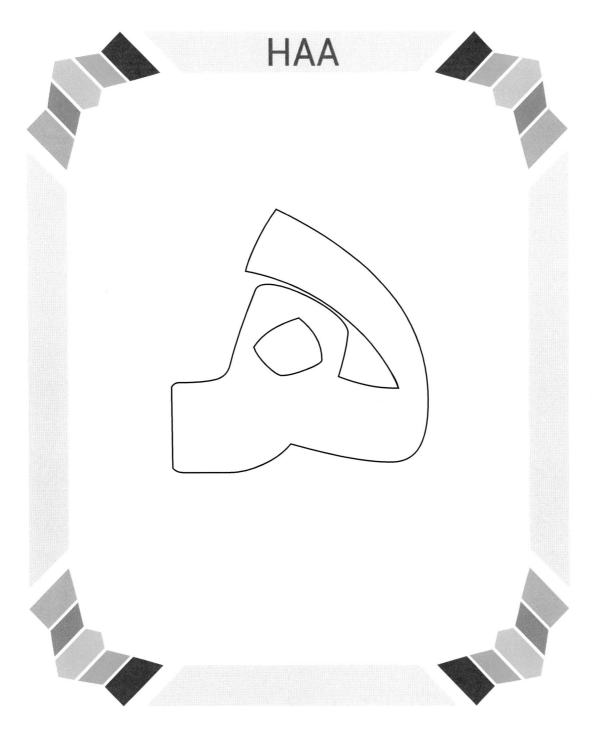

واو

WAAW

و

ياء

YAA

ي

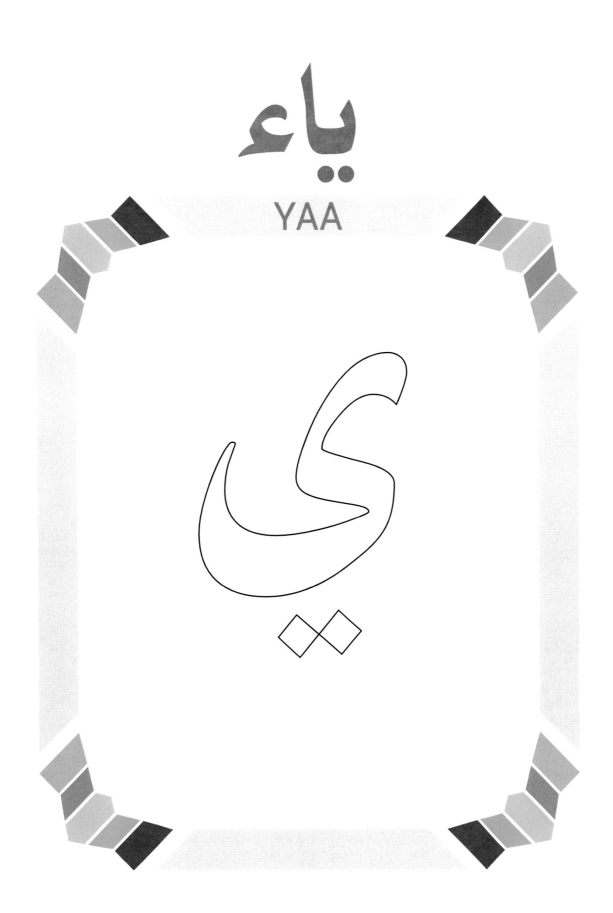

صفر

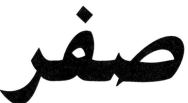

SIFR

0

ZERO

واحد

WAAHID

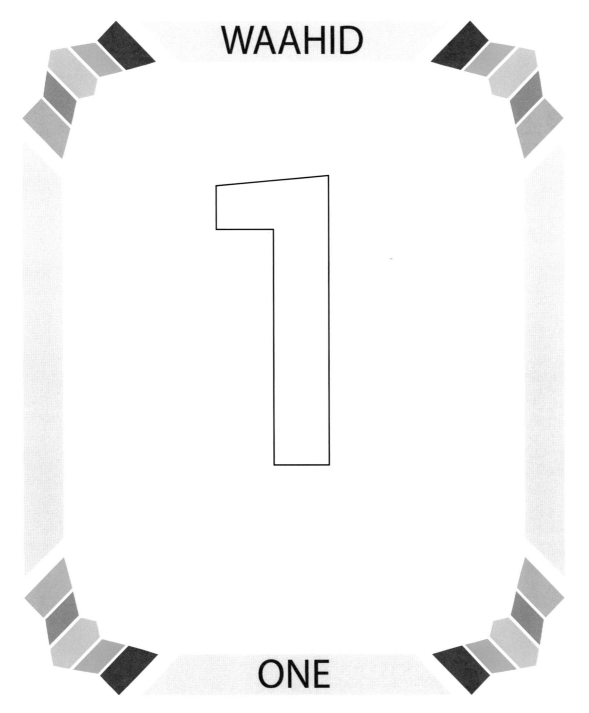

١

ONE

اتنان

ITHNAAN

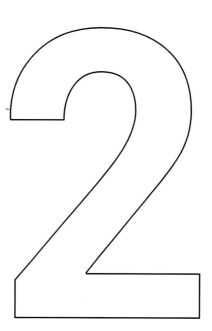

2

TWO

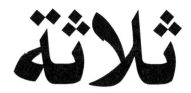

ثلاثة

THALATHA

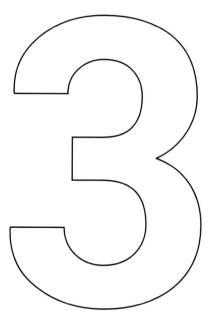

3

THREE

أربعة

ARBAA

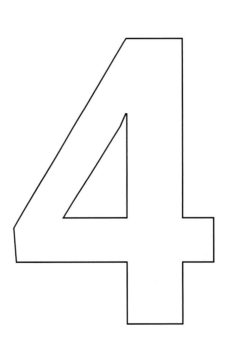

4

FOUR

خمسة

KHAMSA

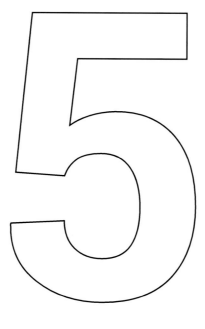

5

FIVE

ستة

SITTA

6

SIX

سبعة

SABAA

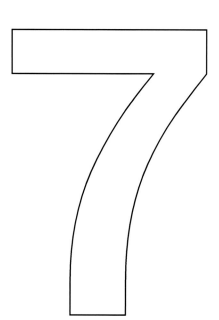

7

SEVEN

ثمانية

THAMANIYA

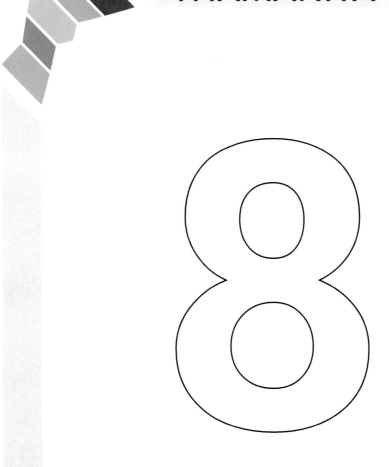

8

EIGHT

تسعة

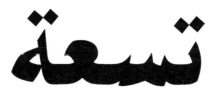

TISAA

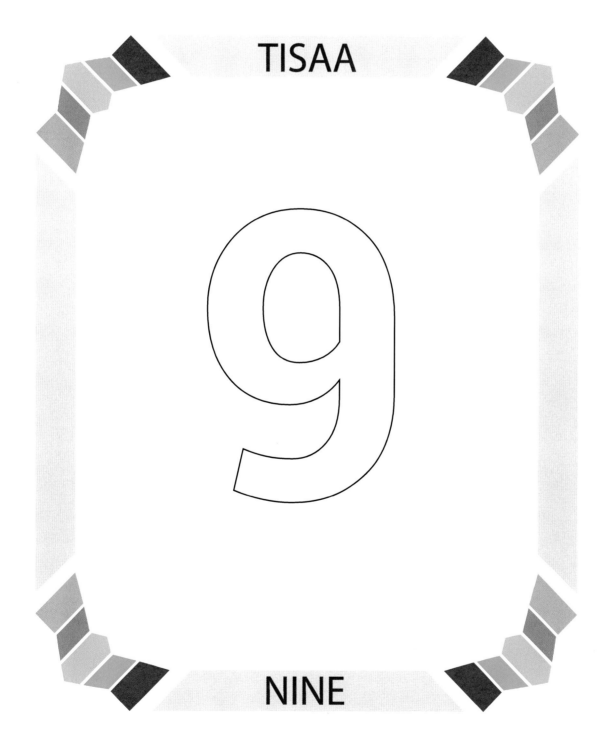

9

NINE

عشرة

AASHARA

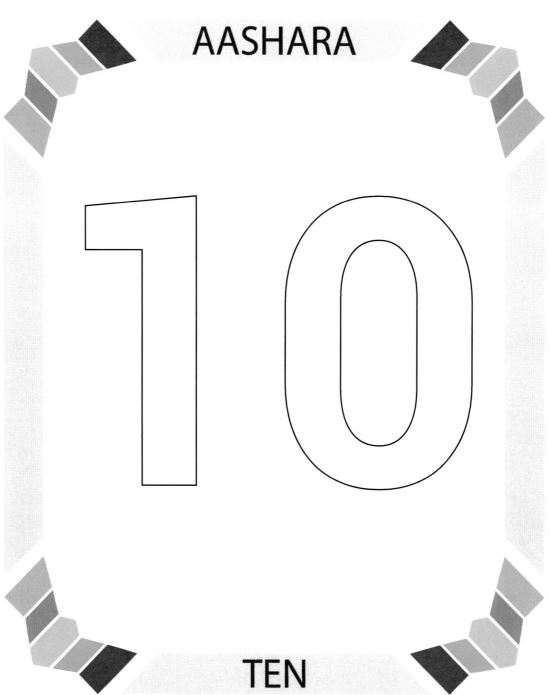

10

TEN

أحد عشر

AHADA AASHAR

11

ELEVEN

اتنا عشر

ITHNA AASHAR

12

TWELVE

ثلاثة عشر

THALATHATA AASHAR

13

THIRTEEN

أربعة عشر

ARBAATA AASHAR

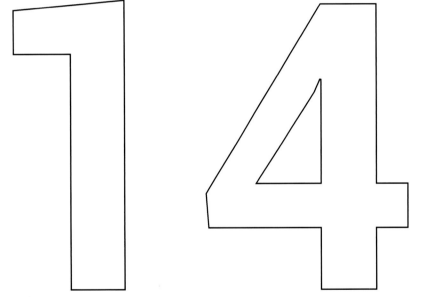

14

FOURTEEN

خمسة عشر

KHAMSATA AASHAR

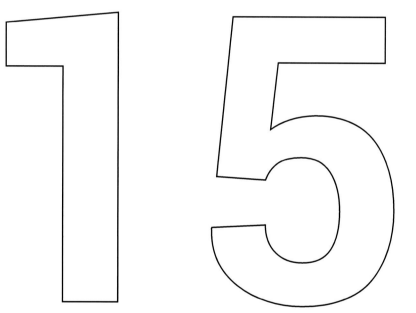

15

FIFTEEN

ستة عشر

SITTATA AASHAR

16

SIXTEEN

سبعة عشر

SABAATA AASHAR

17

SEVENTEEN

ثمانية عشر

THAMANIYATA AASHAR

18

EIGHTEEN

تسعة عشر

TISAATA AASHAR

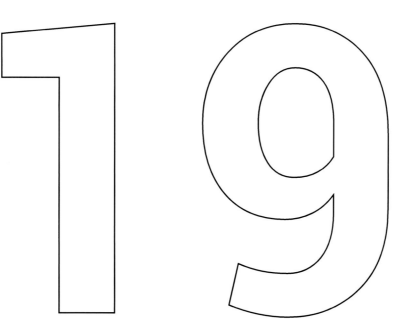

19

NINETEEN

عشرون

AISHROON

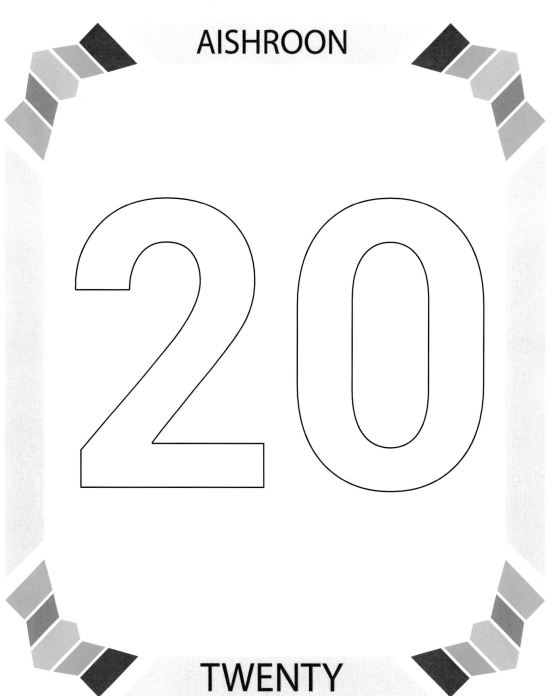

20

TWENTY

واحد و عشرون

WAHID WA AISHROON

21

TWENTY-ONE

اتنان و عشرون

ITHNAAN WA AISHROON

22

TWENTY-TWO

ثلاثة و عشرون

THALATHATA WA AISHROON

23

TWENTY-THREE

أربعة و عشرون

ARBAATA WA AISHROON

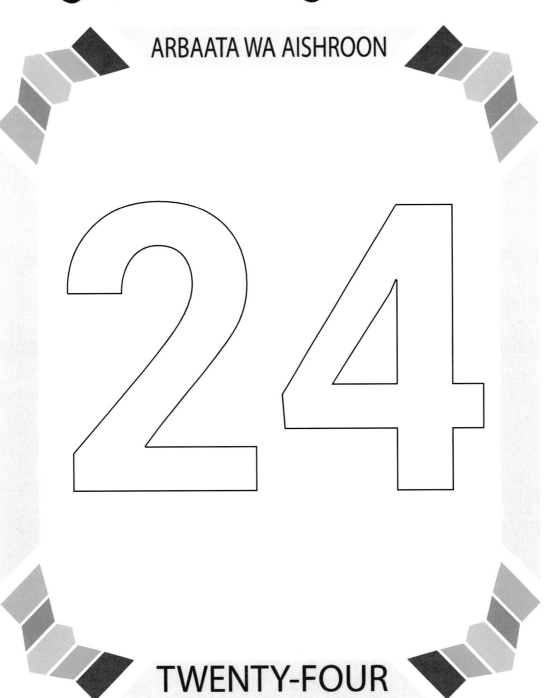

24

TWENTY-FOUR

خمسة و عشرون

KHAMSATA WA AISHROON

25

TWENTY-FIVE

ستة و عشرون

SITTATA WA AISHROON

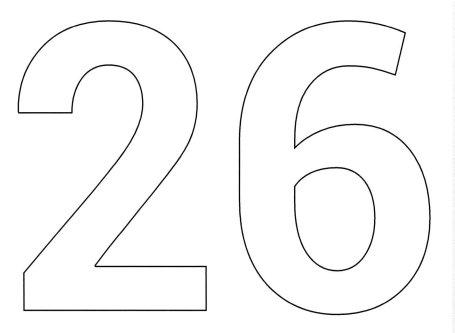

26

TWENTY-SIX

سبعة و عشرون

SABAATA WA AISHROON

27

TWENTY-SEVEN

ثمانية و عشرون

THAMANIYATA WA AISHROON

28

TWENTY-EIGHT

تسعة و عشرون

TISAATA WA AISHROON

29

TWENTY-NINE

ثلاثون

THALAATHOUN

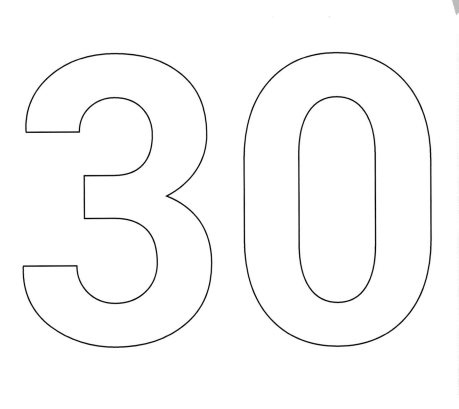

30

THIRTY

Made in the USA
Las Vegas, NV
22 December 2024

15262456R00038